DISSERTATIONS
SUR LA SITUATION POLITIQUE DE L'EUROPE ET SUR DIVERSES PUISSANCES DU GLOBE;

Lues au Lycée des Sciences et des Arts de Poitiers, dans sa Séance du 25 Nivôse an VI.

PAR DUJARDIN-BEAUMETZ, de S.-Domingue.

« Les empires, ainsi que les hommes, doivent croître, » dépérir et s'éteindre. »

D'ALEMBERT, *éloge de Montesquieu.*

A POITIERS,
DE L'IMPRIMERIE DE CATINEAU,
AN VI.

AVANT-PROPOS.

C'est A L'UNION ET AU BONHEUR DES PEUPLES *que je dédie ces dissertations. En les publiant, j'écoute trop peut-être les conseils flatteurs de l'estime indulgente, de l'amitié aveugle et de la bienveillance tendre et facile; mais chaque homme doit chercher à se rendre utile, chaque citoyen doit acquitter sa dette envers la patrie; les jeunes gens doivent travailler pour apprendre à mieux faire. Voilà mes motifs et mes excuses, voilà le but que je m'étais fixé; puissé-je du moins en avoir approché!*

SITUATION POLITIQUE DE L'EUROPE,

ET

DISSERTATIONS

SUR

DIVERSES PUISSANCES DU GLOBE.

QUE le philosophe ouvre au hasard les pages de l'histoire, qu'il embrasse l'immense étendue que renferment les deux tropiques, qu'il prenne un instant la place de Marius assis sur les décombres de Carthage, et par-tout le monde lui offrira le même spectacle; par-tout il verra que les préjugés et les haines ont déchiré les sociétés; par-tout il s'apercevra du deuil de la nature, et par-tout il pourra faire cette réflexion terrible mais frappante: « Les hommes » n'ont pas de plus cruels ennemis que les » hommes. »

En se retraçant ce tableau, si le vainqueur des Cimbres a versé des larmes, quels sentimens éprouveront donc l'être sensible et vertueux, l'ame simple et belle, le philanthrope doux et aimant ? Si le crime a été ému, quelles devront être les sensations de la vertu ?

Ah ! n'y aura-t-il pas de frein au funeste débordement des passions ? les hommes, faits pour s'aimer et s'aider, ne sauront-ils pas resserrer les nœuds d'une confraternité durable, que tout rappelle et que tout devrait cimenter ?

Ce n'est pas que je veuille réaliser les rêves de Clootz ou la république de Platon ; je ne crois pas plus aux folies de l'Anacharsis prussien qu'aux chimères d'Henri IV : mais ne pourrait-on fermer à jamais le temple de Janus ? ne serait-il pas possible que les peuples eussent leur conseil amphictyonique ? la félicité du genre humain sera-t-elle toujours un songe ?

J'entreprends d'analyser la situation politique du globe : j'aurai souvent à employer les plus noires couleurs ; mon cœur en gémit : mais pour le peintre, le choix des sujets décide le choix des pinceaux.

Afin de mettre de l'ordre dans mon travail, je le diviserai en dix-sept chapitres : dans les quatorze premiers je traiterai séparément des diverses puissances de l'Europe, et les trois derniers seront consacrés à l'Asie, l'Afrique et l'Amérique.

CHAPITRE PREMIER.

De la France.

FIDELLE à ses alliés, hospitalière envers les patriotes persécutés, amie de tous les peuples, la République française est la première nation de l'univers, autant par sa grandeur politique que par sa force militaire... Elle ne combat pas pour des esclaves et des dépouilles; elle défend sa liberté... Ah! si les Romains avaient fait de leur puissance le louable usage qu'elle a fait de la sienne, ils seraient encore, non pas les maîtres, mais les directeurs du monde.

Nul état ne peut lui disputer le premier rang dans la balance du globe. La paix qu'elle vient de conclure lui garantit les limites que la nature avait tracées pour elle, et ses invincibles armées les lui assurent pour toujours.

Les ressources de la France sont inépuisables; les besoins même les feront naître, ou plutôt il suffira d'indiquer les besoins, et le patriotisme des Français y aura déjà pourvu... Gouvernemens arbitraires, qu'opposerez-vous à ces élans généreux et unanimes? Vos taxes vexatoires suppléeront-elles à la pénurie de vos moyens? pouvez-vous compter sur ces ressources inopinées que crée le dévouement? vos négocians s'empresseront-ils de déposer dans vos coffres les capitaux qui vont suspendre momentanément leur commerce ? . . Non : ce n'est que dans les états libres que le citoyen fait à la patrie l'abandon de lui-même et de ce qu'il possède.

La République française n'aura point les vices des anciennes républiques : chez elle, le pouvoir militaire est soumis à celui des lois ; chez elle, il n'y a ni ilotes ni affranchis ; tous les citoyens sont soldats, et tous les soldats sont citoyens ; l'armée est l'armée de l'état, et non celle de César ou de Pompée . . . En vain des conspirateurs trameront sa perte ; ils périront sans que la République périsse.

Encore quelque temps, et la France, après avoir donné la paix au continent, la donnera au monde ; car l'Anglèterre sera vaincue dès que les bataillons français auront abordé ses plages, et la seule occupation de l'électorat d'Hanovre (1), comparée aux conquêtes des Anglais dans

(1) Le représentant du peuple Eschasseriaux aîné évalue les conquêtes des Anglais dans les Indes occidentales, à 171,000 ames de population et 36,000,000 de revenu territorial ; SAVOIR :

	Population.	*Revenu.*
La Martinique.	110,000 ames.	30,000,000.
Sainte-Lucie	20,000	3,000,000.
Tabago.	11,000	2,000,000.
Partie de S.-Domingue. . .	30,000	1,000,000.
Totaux.	171,000	36,000,000.

les Antilles, déterminera, par la population, par le territoire et le revenu, la supériorité des avantages en faveur de la France.

CHAPITRE II.

De l'Espagne.

Une foule de considérations détachait l'Espagne de la coalition, et le chevalier d'Yriarthe ne fit qu'y obéir en signant à Basle un traité de paix qui fut bientôt et successivement suivi d'un traité de commerce, d'une alliance offensive et défensive avec la France, et d'une déclaration de guerre contre l'Angleterre. Telles sont les chances de la politique : les gouvernemens, ainsi que les hommes, se brouillent et se raccommodent ; on se ligue aujourd'hui avec le peuple qu'on combattait hier. Les armées françaises, aux portes de Pampelune, au cœur de la Catalogne, sur la route de Madrid, ne pénètrent point dans la Castille consternée... Tout à coup elles rétrogradent ; la paix a suspendu leur marche, enchaîné leur valeur ; la paix a tout changé... L'Espagne n'a plus qu'un en-

---

« Il faut dire aussi qu'ils ne sont point maîtres en » entier et qu'ils ne tiennent qu'une partie des îles que nous » estimons rigoureusement ici en leur faveur. » *Eschasseriaux, sur les dernières négociations et sur la situation politique de l'Europe.*

nemi, et cet ennemi est celui de la France. .. La rade de Cadix est ouverte aux bâtimens républicains, et en 1793 les vaisseaux espagnols mouillaient dans le port de Toulon avec les flottes anglaises !

L'Espagne pouvait-elle s'abaisser plus longtemps devant l'Angleterre ? ne devait-elle pas lui disputer un empire que celle-ci a odieusement usurpé ? La cour d'Aranjuez devenait la risée de l'Europe, dès qu'elle était le jouet de la coalition et la dupe du cabinet de Saint-James. Le prince de la Paix devait opérer dans la direction des affaires de son pays ce changement salutaire ; il le devait pour sa patrie ; il le devait pour sa propre gloire.

En effet, si l'Espagne eût resté attachée à la Grande-Bretagne, elle se serait assimilée au Portugal, malgré ses immenses possessions ; sa puissance aurait dégénéré en faiblesse, sa consistance en servilité, ses colonies auraient été les colonies de l'Angleterre, et les négocians de Portsmouth, les planteurs du nouveau monde. Les îles Philippines, comme celles appartenantes à la Hollande, auraient été enlevées par la ruse et conservées par la force.

La défaite de Cordova que l'amiral Massaredo n'a pas encore réparée, a donné dans la dernière campagne une supériorité marquée aux Anglais ; mais si le projet de descente s'effectue, ne verra-t-on pas, dans la campagne prochaine, la fortune se lasser de marcher à côté du léopard ? Ce n'est point sur mer que Bonaparte a triomphé des souverains de l'Italie. Pour conquerir la Corse, le héros français n'a pas cherché les ennemis sur la Méditerranée ;... il a fait débarquer une légion.

L'Espagne s'est prononcée,... la guerre sera continuée avec vigueur ; et certes la présence de l'ambassadeur Truguet à Madrid n'en ralentira point les préparatifs ; car ce marin est aussi connu par sa haine contre les Anglais que par ses talens distingués.

Un historien a demandé « s'il était possible » qu'une union étroite pût long-temps subsister » entre des confédérés d'un caractère aussi op- » posé que le Français emporté, dédaigneux et » léger, l'Espagnol lent, hautain, jaloux et » froid, et l'Américain qui tient secrétement ses » regards tournés vers sa mère-patrie, et qui » se réjouirait des désastres de ses alliés, s'ils » étaient compatibles avec son indépendance ? » Je me permettrai de répondre à cet écrivain estimé, que les lois de la politique varient sans cesse ; je lui dirai que l'union entre la France et l'Espagne a bien d'autres bases que des convenances territoriales (1) ; je lui dirai enfin que

---

(1) L'histoire prouve que les guerres les plus glorieuses

tout est possible quand la nécessité commande.

CHAPITRE III.

Du Portugal.

Jadis le Portugal, quoique le plus petit des états de l'Europe, donnait des lois, et aujourd'hui il en reçoit. Jadis il avait des tributaires dans toutes les parties du monde ; aujourd'hui il en a encore, mais il l'est lui-même de la Grande-Bretagne.

Le Portugal est heureusement situé pour faire un grand commerce ; sa capitale est un des plus beaux et des meilleurs ports de l'Océan ; son terroir est très-fertile en vin, en mines et en fruits ; sa population est nombreuse : mais depuis la mort de Jean IV, depuis le traité de commerce du 27 décembre 1703 avec l'Angleterre, depuis qu'il a oublié qu'il dut à sa marine son opulence et sa gloire, il a marché à grands pas vers sa dissolution, et sa servile condescendance pour les Anglais n'y a pas peu contribué.

En guerre avec la France, gouverné par le cabinet de Londres, le Portugal a cru que la République française ne pourrait le forcer à la paix, et pour détourner l'orage qui gron-

que l'Espagne ait soutenues, n'ont pas été celles contre les Français.

dait sur lui, il a endormi ses ennemis en affectant des intentions pacifiques et en faisant traîner en longueur des négociations entamées par crainte ou dissimulation et qu'il ne voulait point finir.

Un traité de paix, conclu à Paris et approuvé par le Corps législatif, n'a point été ratifié par la cour de Lisbonne dans les délais prescrits. Cette cour a cru gagner en temporisant, et, comme les Vénitiens, elle s'attendait que l'armée française éprouverait, dans le Tirol et la Carinthie, quelques revers qui feraient passer aux Autrichiens les nombreux avantages de deux campagnes où tous les combats n'ont été que des triomphes, où tous les triomphes n'ont semblé que des jeux de la fortune souriant au génie.

Mais dans sa politique le Portugal n'a pas mieux vu que Venise, et, comme cette république, il s'est aperçu trop tard qu'il se trompait. Il a voulu revenir sur lui-même, il n'en était plus temps: l'Autriche avait posé les armes, le congrès de Rastadt était convoqué, une descente en Angleterre y opérera une révolution en faveur de la liberté. Il faut donc que les Français imposent de nouvelles conditions au Portugal; car s'ils eussent été vaincus, il en aurait profité pour s'indemniser : ne peut-on appliquer en politique la loi équitable du talion?

Le séjour de M. Daranjo à Paris n'est pas

une excuse légitime. Le Portugal, en voilant sa conduite, a mis sa mauvaise foi au grand jour; il a renoncé à la paix, en éludant de la consommer. Sa lenteur a été et a dû être l'interprète de son refus.

Si le Directoire exécutif n'agrée point la ratification trop tardive de la cour de Lisbonne le Portugal offre une conquête facile que l'Anglais ne pourra empêcher, puisqu'il sera attaqué dans son île. Que peut la faible Lusitanie contre les forces réunies et combinées de l'Espagne et de la France! N'est-elle pas sans généraux, presque sans troupes et sans défense? quelques phalanges de Rivoli ne suffiraient-elles pas pour s'en emparer?

Je le répète: dès que le Gouvernement français l'aura voulu, le Portugal ne comptera plus au rang des puissances. Les Hollandais, les Espagnols, tous les ennemis de la Grande-Bretagne doivent le désirer; car frapper le Portugal, c'est frapper l'Angleterre.

CHAPITRE IV.

De la Hollande.

TANT que la Hollande ne sera pas sous le pouvoir stathouderien, les liens qui l'unissent à la France s'affermiront, et la Convention batave travaillera efficacement aux succès de la liberté, non - seulement par reconnaissance envers la République française, mais par conformité de position, par identité de besoins ; car la cause de tous les peuples est la même, elle est une comme celle des rois.

Certes la Hollande n'est pas aussi puissante que lorsqu'elle résistait aux forces de l'Angleterre et à la tyrannie de Cromwel ; sa marine n'est pas aussi redoutable que lorsque les Tromp et les Ruiter la commandaient ; son commerce n'est plus le commerce du monde ; mais sa détresse n'est que momentanée. Elle n'avait fleuri qu'après l'union d'Utrecht et la paix de Munster ; elle doit prospérer et refleurir après la pacification générale, parce que l'état actuel de sa législation et de ses ressources doit donner plus d'espérance que n'en donnaient ses premiers mouvemens révolutionnaires et sa situation de 1579.

De même que la France était le plus grand ennemi de la Hollande esclave, l'Angleterre doit être celui de la Hollande républicaine. Le stathouder avait besoin de l'appui des rois pour se maintenir, et la nation batave ne peut se passer de l'alliance du peuple généreux qui ne l'a conquise que pour l'arracher à la servitude et la rendre à ses droits. Hollandais ! souvenez-vous que la maison d'Orange ne se souleva contre la cour de Madrid, que pour ſégner elle-même, tandis que la France n'a vaincu dans votre sein que pour vous délivrer... Ah! rappelez-vous du duc d'Albe, mais n'oubliez jamais les princes de Nassau: ayez toujours présens le souvenir de leur despotisme, le dévouement du grand pensionnaire de Wigth et la magnanimité des Français.

Tournez vos regards, industrieux Bataves, vers votre pavillon humilié, vos ateliers inactiſs, votre commerce abattu. C'est Albion qui vous a trahis, c'est Albion qui veut vous détruire! A chacun de vos revers, à chacun de vos maux, reconnaissez le gouvernement anglais, reconnaissez sa perſidie et ses crimes; et si l'amour de la patrie, si ce sentiment sacré qui ne doit jamais s'éteindre, enflamme et excite vos cœurs, vengez le vol politique de vos colonies, la capitulation de Lucas, les triomphes d'Elphinstone, la défaite et la captivité de Dewinter: cessez vos divisions et n'écoutez que votre ressentiment contre le ministère corrompu et corrupteur qui s'emparait de vos biens lorsqu'il était votre allié, et qui soudoie parmi vous les assassinats et les trahisons quand vous êtes son ennemi.

Que deviendraient votre commerce immense et vos riches comptoirs d'Asie et d'Afrique, si l'Anglais restait vainqueur? Votre existence n'est-elle pas précaire, si le négoce cessait de l'alimenter ; si Ceylan, les îles de la Sonde et le cap de Bonne-Espérance passaient sous la domination de la Grande-Bretagne ; si vos navires n'étaient plus en sureté dans les mers où ils voguaient jadis en maîtres ? Ainsi, dans l'ordre politique des choses et dans toutes les hypothèses possibles, la Hollande est de toutes les puissances du globe la plus intéressée et celle qui doit gagner le plus à l'abaissement de l'Angleterre.

On cherche à alarmer les Provinces-unies sur la navigation de l'Escaut et le voisinage de la France. Une rivalité s'établira, dit-on, entre les Français et les Bataves. Hé quoi ! un peuple libre craindrait un peuple libre ! Anvers ne peut-elle être florissante en même temps qu'Amsterdam ? Entre deux nations amies, la concurrence du commerce n'est-elle pas plus avantageuse que nuisible, et n'ajoute-t-elle pas de nouveaux rapports d'intérêt et d'association ?

La liberté des mers, loin de diviser les puissances maritimes, les rapprochera ; et surement les nations publieront à la paix un acte de navigation, qui ne sera point le code du monopole et des priviléges exclusifs, mais la charte de tous les peuples commerçans, mais un acte de navigation digne de la paix, de la victoire et du siècle.

CHAPITRE V.

De l'Allemagne.

RASTADT est la Delphes de l'Allemagne ; c'est l'oracle qui va prononcer sur la constitution germanique. Les plénipotentiaires de tous les petits princes de l'Empire s'y rendront pour le consulter et se soumettre, comme autrefois les Grecs accouraient de toutes parts et entraient dans le temple d'Apollon avec une résignation respectueuse.

Les conférences de Montebello ont surement fixé le sort de l'Allemagne, et le traité de Rastadt a été préparé par les articles secrets de celui de Campo-Formio. Mais une particularité digne de remarque, c'est la convocation de la diète sous la garantie de l'intégralité de l'Empire. A l'empressement, à l'apparente bonne foi des princes, ne penserait-on pas qu'ils vont délibérer avec la même liberté et autant d'autorité qu'il y a cent ans ?

Que fera au congrès cette nuée de négociateurs ? Il en resultera une puérile observation des formes ; mais la volonté des grands états n'en sera pas moins suivie ; et tous les électeurs se croiront souverains, parce qu'ils se seront rangés, de gré ou de force, à l'avis de la Prusse et de l'Autriche.

Pauvres potentats ! le sceptre vous échappe, vous voulez le retenir. Eh ! ne saviez-vous pas qu'auprès des puissances qui semblaient vous respecter, vous étiez les pygmées que dédaignent les géants ? En vous voyant étaler le faste illusoire de vos prétentions, et vous mesurer avec les puissances que vous affectez de rivaliser, vous représentez, malgré vous, le burlesque tableau où l'ingénieux auteur de Gulliver place les Lilliputiens auprès des hommes-montagnes.

Si l'empire est démembré, si les pays en de çà du Rhin sont cédés à la France, l'électeur de Mayence occupera ailleurs la place de directeur des archives ; comme à l'évêque de Liége, il ne lui restera que des titres.

Quelle sera désormais la politique de l'Autriche ? Cette puissance touchait à son dernier période ; Bonaparte s'avançant sur Vienne aurait vraisemblablement été plus heureux que ne le furent les Turcs en 1529 et 1683. En dépit du ministère allemand, il a donc fallu traiter avec la République française.

L'Autriche, à qui la paix donne des possessions arrondies et serrées, et qui redoutait plus l'établissement de la République cis-rhénane, que la perte de la Belgique qu'elle ne pouvait garder, et du Milanais qui lui était à charge, tâchera de se fortifier et de s'agrandir dans la

Germanie, et d'avoir une marine militaire et marchande sur l'Adriatique.

CHAPITRE VI.

De la Suisse.

Heureux Helvétiens ! la liberté, en fondant son empire au milieu de vos rochers, vous fit jouir de ses plus doux bienfaits, sans que votre bonheur ait été empoisonné par le venin de l'ambition ;... l'ambition, qui tue le corps social en déversant sur lui tous les genres de calamités ; l'ambition, mère des passions et des vices, source des divisions et des crimes, fléau des particuliers et des états : vous avez su vous préserver de ses illusions et de ses dangers, de ses attaques et de ses maux.

Toujours sur la défensive et jamais sur l'offensive, la nation suisse n'a conquis que son indépendance ; elle n'a combattu que lorsque des ennemis ont voulu la soumettre, elle n'a repoussé que lorsqu'elle a été attaquée ; mais elle s'est dégradée en voulant s'enrichir. Enorgueillie de la renommée de ses armes, ne pouvant négocier sur les productions de son sol ingrat, elle a commercé sur ses soldats, sur ses enfans ; elle a suppléé à la stérilité de son terroir en donnant l'exemple de cet infame trafic, où l'argent devient l'échange de la population,

pulation, où les hommes louent à vil prix les services et l'existence des hommes : car, avant les princes de Hesse, les Suisses vendaient leurs troupes. Eh ! ce sont là les descendans de Tell ! Non : je ne reconnais plus, dans les Helvétiens modernes, les compatriotes des vainqueurs de Sempach, les compagnons d'armes d'Arnold de Winkelried !

Quoi ! les milices suisses, libres chez elles, sont esclaves au dehors ! la tyrannie en a fait ses gardes et ses suppôts ! Quoi ! les ennemis du despotisme sont les sicaires des despotes ! l'esclavage est la première branche du revenu d'un peuple libre ! des guerres étrangères sont l'aliment et la fortune des républiques ! ... Helvétiens ! les nations du Sénégal sont-elles plus coupables que vous ? Ah ! jusques à quand vos historiens diront-ils ? « Le Suisse est par état un » destructeur de l'Europe ; plus il y a de ba» tailles et de carnage, et plus la Suisse pros» père. »

Le gouvernement des treize Cantons est la véritable oligarchie ; ce n'est point le fédéralisme des États-unis ; c'est une association sans caractère ; c'est une ligue où tout est volontaire et relatif, où rien n'est conditionnel et général : chaque canton est indépendant, chaque canton a ses alliances et ses lois, chaque canton est un état dans l'état : la religion divise le gouvernement et les hommes ; telle communion a sa diète particulière. L'unité d'une bonne législation ne serait-elle pas préférable à cette diversité de lois ?

Un peuple ne devrait avoir qu'un code constitutionnel; il n'est bien gouverné que lorsqu'il y a uniformité dans l'action administrative. Peut-il y avoir de la force, là où il n'y a point d'ensemble ? Y a-t-il garantie des citoyens, là où il n'y a point égalité des droits ?

Les Suisses auraient dérogé aux principes de politique qu'ils ont toujours observés, s'ils eussent pris part aux démêlés actuels de l'Europe. Malgré l'affluence des émigrés et la protection de l'aristocratie helvétique, c'est à Basle au contraire que la France a dicté à ses ennemis les conditions de la paix.

Tout fait penser que la Suisse ne tardera pas à changer de situation. Déjà une révolution fermente chez ses alliés. La Valteline, Chiavenne et Bormio sont réunis à la République cisalpine. Des troubles, dit-on, ont éclaté à Coire et dans le pays de Vaud. Qui sait si les ligues grises ne solliciteront point leur incorporation aux Cisalpins ? Qui sait si les Suisses ne se régénéreront pas d'après les Français, les Italiens et les Hollandais ? Mais puissent-ils profiter des leçons du passé ! puissent-ils arriver sans déchiremens au but qu'ils auront à atteindre !

puisse cette révolution ne pas coûter tant de sang que celle du quatorzième siècle !

CHAPITRE VII.

De l'Italie.

Bonaparte franchissant les Alpes et dispersant les troupes du roi sarde dans les champs de Montelesimo, était ce héros de l'antiquité battant les Gaulois pour pénétrer dans l'Ausonie. Les batailles du Tésin, de la Trébie, de Trasymène et de Cannes, se sont renouvelées dans le cours d'une campagne, où l'on a vu figurer les Fabius du parti vaincu, où cinq armées ont été détruites tour-à-tour, où les plus célèbres réputations ont été renversées, où la liberté a brisé les fers des Lombards, où toutes les tyrannies ont tremblé, et où le général victorieux s'est montré à la fois philosophe et guerrier, capitaine et soldat, politique et savant. La postérité dira : « Bonaparte a surpassé tout » ce qui n'était que grand, il a égalé tout ce » qui était immortel. Il fut Miltiade, mais il » n'échoua point dans l'île de Paros ; il eut les » talens de Thémistocle, mais il n'en eut point » les vices ; il fut Annibal, mais il n'eut point » de Zama. »

Je ne retracerai pas les succès innombrables de l'armée française en Italie. Jamais conquête n'a été si disputée et si rapide; jamais armée n'a acquis tant de gloire. Il fallait subjuguer le Piémont, le Milanais, le Modénais, emporter Mantoue, punir Venise, régénérer Gènes, contenir Naples et Parme, forcer l'État ecclésiastique à la paix. Tout cela a été fait. Les Français ont porté la branche d'olivier sous Turin et sous Rome; la République cisalpine, fille de leurs victoires, a été créée sans malheurs, constituée sans secousses et consolidée sans agitations... Elle existe, et c'en est fait du despotisme en Italie; la liberté électrisera successivement et les habitans de l'Étrurie et ceux de la Calabre.

Ce sera sans doute un exemple nouveau dans l'histoire, que l'établissement spontané d'une république dans un pays où la superstition comptait tant de prosélytes! Qui aurait pensé, il y a vingt ans, que l'Italie septentrionale aurait changé de face sans qu'il se commît le moindre de ces désordres dont les annales des révolutions ne nous rappelent que trop les désastreuses époques? Cisalpins! vous n'avez point ressenti ces oscillations qui accompagnent toujours l'enfance des états; les excès n'ont point souillé votre cause; votre puissance naît avec votre liberté; l'expérience vous éclaire et vous guide sans que vous ayez subi ses épreuves; vous comptez parmi les peuples heureux, et votre bonheur ne vous a rien coûté!

--- ---

Je le demande à vous-mêmes, détracteurs du gouvernement populaire ; vous pour qui la calomnie est le premier des besoins ! vous qui ne discernez le bien que pour le confondre avec le mal ! vous qui regardez comme un crime toute opinion contraire à la vôtre ! la démocratie est-elle donc insupportable ? est-elle donc un régime de sang ? n'y parvient-on qu'après des mouvemens et des injustices ?... La République cisalpine est organisée, ses bataillons sont sous les armes, ses ministres sont reçus chez les autres nations, ses autorités délibèrent dans le calme ; et cet état de choses a-t-il été précédé de divisions intérieures ?

La République cisalpine achèvera en Italie ce que les Français ont commencé. Il lui appartient de faire revivre ces temps des grands hommes que nous admirons, et que les générations les plus reculées admireront comme nous ; il lui appartient de rendre une patrie et des autels à ces héros de l'ancienne Rome ; il lui appartient de briguer un rang distingué parmi les puissances libres, et remplir l'univers du bruit de ses vertus et de ses hauts faits !

L'Italie éprouvera donc de nouvelles révolutions ! Il n'est personne qui en puisse douter, en jetant un coup-d'œil sur les couronnes de Sardaigne et de Naples, sur les duchés de

Toscane et de Parme et l'État ecclésiastique.

La cour de Turin a acheté la paix par la cession de la Savoie et de Nice; mais a-t-elle garanti par là sa souveraineté contre les soulèvemens des Piémontais? a-t-elle empêché qu'un mouvement insurrectionnel ne mette fin à sa puissance? Elle déploie, il est vrai, la plus grande sévérité; jusqu'à présent elle a opprimé avec impunité: mais il est une mesure à tout; le comble des excès est le comble de la patience. Il faut malheureusement plus d'une victime pour provoquer la vengeance du peuple contre ses despotes; mais le roi de Sardaigne, sans places fortes, avec un modique revenu, peu de troupes, point de marine, n'est-il pas exposé à n'être bientôt plus que le roi de Chypre et de Jérusalem?

Il en est de même de Parme et de la Toscane; il en est de même de Naples, à qui la paix n'a point coûté de sacrifices; mais le despotisme de la cour, l'administration arbitraire d'Acton doivent inévitablement révolter les Napolitains.

La puissance temporelle du Saint-Père peut-elle durer encore? La tenue d'un conclave à la mort de l'octogénaire Pie VI, ne serait-elle pas dérisoire? La nomination d'un successeur au vieillard impotent à qui les foudres du Vatican ont déjà échappé, serait une insulte aux nations. La France, pour délivrer Rome, n'a pas besoin de s'inscrire contre les prétendues donations de Pepin le bref et de Charlemagne. La philosophie a parlé, le vicaire de Jésus-Christ n'a point d'empire sur la terre (1); Pierre, pauvre pêcheur sur les bords du lac Génézareth, n'était point l'arbitre des peuples. Eh! d'ailleurs, les premiers papes avaient-ils un triple diadême? étaient-ils les rois des rois? .. Un Prêtre ne doit plus fouler aux pieds les statues des Scipion, des Caton, des Paul-Émile. Le Capitole n'a été que trop souillé par les Alexandre VI et leurs pareils. (2).

Quand à l'île de Malte, la croix du grand-maître ressemble à la tiare du pape. Les nations jugent inutile le boulevard de la chrétienté. Assez d'intérêts divisent les hommes, sans que la religion doive les aveugler.

Ou l'ordre de Malte s'anéantira de lui-même, ou les circonstances le rendront nul. Bientôt il ne lui restera que les langues d'Espagne; car il a perdu ou doit perdre celles de France, d'Italie et d'Allemagne.

Pour réprimer les Barbaresques, les frégates

---

(1) « Et Jésus dit : hommes, qui m'a établi juge parmi » vous ? » *Luc*, *chap.* 12, *v.* 14.

(2) Avant la révolution française, on s'indignait, on conspirait contre la papauté; Cagliostro s'en était déclaré l'antagoniste. L'Empereur Joseph II disait : « Un » évêque à Rome suffit pour la religion. »

de Malte peuvent être remplacées. Que l'île appartienne à la France, et cette république sera pour les corsaires un ennemi pour le moins, aussi dangereux que les chevaliers de S. Jean. On m'observera que l'île de Malte a été donnée en propriété par Charles-Quint en 1530 : mais cette propriété est-elle inaliénable ? La Pensilvanie avait été donnée à Penn, le Maryland à Baltimore, et l'ont-ils conservé ? L'île d'Antigoa, qui avait été accordée par Charles II au lord Willoughby, n'est-elle pas rentrée au domaine de la nation anglaise ? Malte enfin ne peut-elle être revendiquée par l'Espagne ? (1)

Revenons à l'Italie. Est-il important qu'elle forme une ou plusieurs républiques ?

1.° Doit-elle n'en former qu'une ? Sa position topographique s'y oppose. C'est une presqu'île, c'est une espèce de botte ; les communications seraient on ne peut plus difficultueuses entre toutes les parties du territoire. Où placerait-on le centre du gouvernement ? Rome ne peut le céder à Milan, Milan ne peut plus le céder à Rome.

(1) Quelques personnes vantent les prétendus services que l'ordre de Malte a rendus à la République française ; je les prie de lire les ouvrages du représentant du peuple Laloy sur cette matière.

2.° Sera-t-elle subdivisée en cinq ou six états? Pourquoi les multiplier? pourquoi mettre les peuples dans la nécessité de combattre, les obliger à être ennemis pour s'agrandir? pourquoi créer un dominateur, qui commencera par essayer ses forces et finira par enchaîner ses voisins? Voudrait-on renouveler les Sabins, les Étrusques, les Volsques, les Véïens, les Èques, les Herniques, les Samnites, &c., vaincus et asservis par les Romains?

Si ma faible opinion pouvait quelque chose sur les destinées de l'Italie, je désirerais que ce beau pays fût divisé en deux républiques; je désirerais que Gènes et Venise fussent réunis à la République cisalpine. Mon opinion peut être fausse; mais mon vœu est pur, il est dicté par mon cœur.

O riche Venise! que va devenir ta brillante renommée? que deviendront tes arts et ton commerce?

Reçois mes regrets, en tombant sous la domination autrichienne. Je ne ferai point, comme Dumolard, l'apologie de ce gouvernement perfide, qui faisait massacrer les malades français dans les hôpitaux de Véronne; de ce gouvernement vexatoire dont la maxime cruelle est: *Corere alla pena, prima d'esaminare la colpa.* « Punissons d'abord, nous examinerons après. » Je dirai au contraire, comme Jean Debry, que

« Le lion de Saint-Marc n'a fait entendre ses
» affreux rugissemens, que lorsque les sombres
» dépositaires de l'aristocratie européenne se
» flattaient de ne pas laisser sortir d'Italie un
» seul Français, et de faire proclamer Venise
» la restauratrice de la noblesse et des trônes. »
(1) Mais je plaindrai les patriotes malheureux qui espéraient passer leurs jours au sein de leurs tranquilles foyers, et qui n'ont maintenant pour perspective que la fuite ou des chaînes; je m'élèverai contre ce détestable système de compensation qui a toujours dirigé la politique des cours; je demanderai si les peuples sont comptables des crimes de leurs gouvernans. Faut-il donc toujours dédommager un ennemi vaincu? Ah! devrait-il exister entre les nations d'autre équilibre que la ligue juste et naturelle des opprimés contre les oppresseurs?

Que de nombreux avantages la cour de Vienne gagnera à l'occupation de Venise! Tout le commerce des Vénitiens dans les mers de Barbarie et d'Égypte, dans les échelles du Levant, dans les îles de la Morée, passera à l'Autriche, qui obtiendra par là ce qu'elle a toujours voulu, ce qu'elle avait jusqu'ici vainement désiré, ce

---

(1) Motion d'ordre sur les négociations avec l'Italie, séance du 26 fructidor an 5.

qu'elle n'aurait jamais dû avoir, . . . une puissance maritime.

Qu'opposera donc la République cisalpine à la marine allemande ? Elle n'aura pas un seul port, pas un seul vaisseau, si la République ligurienne n'y est pas annexée. Il est vrai qu'elle n'a rien à craindre du côté de la mer ; mais, par cela même, l'Autriche aura sur elle une double supériorité : l'Autriche, mécontente de son établissement, jalouse de sa force, deviendra nécessairement son ennemi.

Je redoute, je l'avoue, l'accroissement de la puissance autrichienne. J'ai peur que la France ne renoue le monstrueux traité de 1756. J'ai peur encore qu'en démembrant la République de Venise, on n'ait légitimé le traité de Pilnitz, par lequel les têtes couronnées démembraient et se partageaient la France. Puissent mes conjectures être mal fondées !

Patriotes vénitiens ! l'article 9 du traité de Campo-Formio vous permet de quitter vos lagunes pour choisir une autre patrie. Profitez de ses dispositions ; portez chez les Cisalpins votre amour pour la liberté et votre industrie, ou imitez ces Grecs qui, conduits par le sage et vertueux Turnbull, se débarrassèrent de la tyrannie ottomane, en allant établir dans la Floride, en 1767, une colonie qui a prospéré sous des chefs humains et une législation bienfaisante.

CHAPITRE VIII.

De la Grande-Bretagne.

AH ! déroulerai-je la longue série des forfaits du ministère britannique ? Peindrai-je sa noirceur et sa perversité ? Retracerai-je le portrait des Euménides ?

Artisan des maux qui affligent le globe, tyran des nations, . . . gouvernement anglais ! . . . je t'accuse ! . . .

Et toi, nation anglaise ! toi qui hésites à punir un gouvernement qui te déshonore ! . . . je t'accuse de lâcheté !

Depuis plusieurs siècles le cabinet de Saint-James a été l'ame de toutes les coalitions. C'est lui qui a ensanglanté le monde ; c'est son ambition qui a armé les puissances.

Il a vu, il a fait périr sans pitié trois millions d'hommes dans le Bengale, durant l'horrible famine de 1770 !

Il a désolé les deux Indes, trompé et égorgé les sauvages de l'Amérique, porté le meurtre et l'incendie dans les colonies françaises !

Il a trahi tous les partis, toutes les nations ; spolié ses alliés, immolé les émigrés à Quiberon !

Il a organisé et entretenu la Vendée ! Les brigands de tous les pays sont ses complices et ses agens.

Vingt-deux mille prisonniers français périssent de misère entassés dans ses cachots ; il insulte lâchement à leur bravoure malheureuse !

Eh ! tant d'attentats n'ont pas reçu leur châtiment ! L'heure de la vengeance n'a pas sonné !

Parker a été exécuté, et pas un Anglais n'a osé le défendre !

La liberté n'a donc plus d'amis dans les montagnes de l'Irlande, ni parmi les rochers de l'Écosse ?

Pitt et Dundas seront-ils long-temps les idoles d'un parlement corrompu ?

Un peuple estimable et fier, un peuple digne de la liberté, s'avilira-t-il encore sous des ministres déhontés ?

Les efforts de Fox, de Shéridan, de Lansdowne, &c., seront-ils toujours vains ?

Les défenders d'Irlande sont-ils sans énergie ?

Non !... La descente s'apprête, Bonaparte médite.

L'Océan transportera ses libérateurs aux bords de la Tamise.

Les Français vengeront la cause du genre humain, la mémoire de Barnevelt, le supplice de Sidney et la condamnation de Thomas Muir.

CHAPITRE IX.

De la Prusse.

DANS les monarchies, le gouvernement change de système politique à chaque règne, parce qu'un nouveau roi introduit au ministère des créatures qui s'attachent toujours à détruire ce qui a été fait avant eux. Un ministre qui débute dans sa carrière, est sûr de se faire des partisans, des mécontens de l'ancienne administration et de tous ceux qui espèrent gagner à un autre ordre de choses ; il cherche la célébrité, et il y parvient par le moyen infaillible de la nouveauté, qui séduit les esprits crédules, les enthousiastes et les ambitieux.

Telle est l'hypothèse de la Prusse, telle sera sa situation. Le sceptre passe sur la tête d'un jeune monarque ; l'Europe est dans l'attente de ce que fera ce souverain, tandis que les diplomates s'épuisent à le conjecturer et à le prédire.

Certes je me garderai bien d'entrer en lice avec ces derniers. Le hasard ou le caprice seraient ma boussole, et mes adversaires auraient pour eux l'expérience que je n'ai point, des notions que je n'ai pu saisir, et des connaissances qui me sont étrangères. Nos armes seraient trop inégales pour que la victoire me favorisât.

Cependant, s'il est permis d'énoncer ses doutes, j'émettrai les miens. Je me bornerai à esquisser l'état actuel de la Prusse, à dire ce qu'elle était, sans prévoir ce qu'elle sera.

Cette puissance, érigée en royaume en 1701, n'était composée alors que de l'électorat de Brandebourg et de la Prusse ducale. Sous un roi économe, le gouvernement ne s'occupa que de l'industrie et des finances. Sous un roi guerrier, il embrassa toutes les vues, tous les plans de l'ambition. La Prusse fut conquérante; son territoire s'agrandit, sa force s'accrut; elle joua un grand rôle; Fréderic fit trembler la puissance autrichienne; et depuis la cession de la Silésie, la Prusse a balancé la prépondérance de l'empereur en Allemagne.

La politique de la Prusse a toujours été inconstante. Tantôt l'ennemi, tantôt l'ami, tour-à-tour l'allié et le rival de ses voisins, cet état a vacillé au gré de ses intérêts, et il me semble que c'est là la première et la principale cause de son accroissement.

On a vu la Prusse se liguer avec l'Autriche et ensuite lui déclarer la guerre. Mais, tant que la constitution germanique subsistera, ces deux cours aspirant également à la suprématie de l'empire, ne seront jamais d'accord à la diète de Ratisbonne, parce que l'une s'opposera toujours à l'autre. Toutes deux voulant dominer, leurs démarches auront pour but de se préjudicier réciproquement.

Les armées prussiennes ont une discipline extrêmement sévère ; aussi passent-elles pour des troupes aguerries, valeureuses et bien commandées ; mais la force de la Prusse est toute militaire : l'état par lui-même est très-pauvre, les dépenses sont énormes, les dilapidations effrayantes. Quiconque a connu les intrigues de Potsdam, a approché la cour de Berlin, ne peut ignorer que la Prusse a eu ses Pompadour et ses Dubarry, et que le règne du dernier roi ne saurait être plus justement comparé (si ce n'est en durée) qu'à celui de Louis XV. (1)

La Prusse, il est vrai, est le premier état belligérant qui ait fait sa paix avec la France ;

---

(1) Les femmes ont été la cause active ou passive de la plupart des grands évènemens en bien et en mal. Les femmes vertueuses sauvent les états, et les courtisanes les perdent toujours. Lucrèce et Virginie armèrent les Romains contre les Tarquins et les décemvirs. Cléopâtre, avant et après la bataille d'Actium, trahit Antoine ; elle trahit celui qui avait mis le monde entier à ses pieds. L'outrage fait à la fille du comte Julien occasionna l'invasion des Maures en Espagne. Ce dernier fait est contesté, dit Florian ; « mais ce qui ne peut l'être, » ajoute-t-il, c'est que les débauches des tyrans ont presque toujours été la cause ou le prétexte de leur ruine. » *Précis historique sur les Maures.*

mais

mais son trésor a souffert et de la paix et de la guerre ; ses armemens n'ont point cessé ; il a fallu entretenir une armée considérable pour soutenir la neutralité armée ; des troupes sont indispensables pour contenir la Pologne ; et les Prussiens doivent être épuisés par des sacrifices en tout genre.

Quelle marche tiendra la Prusse dans la situation présente de l'Europe ? Tout dépend des changemens que le jeune roi opérera dans son ministère, des premières opérations du gouvernement, des négociations des autres cours ; et il faut s'arrêter de crainte d'en trop dire. Tout dépend encore de la confiance que le roi accordera aux plans du ministre Hertzberg et du plénipotentiaire Luchesini.

La Prusse consentira-t-elle au démembrement de l'Allemagne ? Je n'en doute point, pourvu qu'on la dédommage ; car, en procédés politiques, elle n'a jamais été délicate. Si on lui donnait quelques-unes des villes anséatiques, elle renoncerait volontiers à ses prétentions ; elle céderait de même la principauté de Neufchâtel, le duché de Clèves, la partie de la Gueldre qui lui appartient, pour des compensations plus avantageuses : mais la propriété de Hambourg et de Dantzick n'en formerait-elle pas une puissance maritime et commerciale, dangereuse aux autres nations ? Je m'interdirai toute réflexion à ce sujet.

CHAPITRE X.

De la Pologne.

Que dire d'une nation qui n'est plus ? La plaindre, si son anéantissement est un nouvel attentat contre la souveraineté des peuples ; l'admirer, si la perte de son indépendance a été précédée des efforts courageux d'une nation digne de la liberté ! Oui, les patriotes de tous les pays doivent plaindre et admirer les Sarmates. Quel est celui qui leur refuserait le tribut de la douleur ? Quelle est l'ame sensible qui ne compatirait point à leurs maux ? Quel est l'homme juste qui ne vouerait pas à l'exécration universelle le monarque faible ou perfide, insensé ou cruel, qui les a gouvernés et abandonnés, séduits et trahis ? Quel est sur-tout celui qui ne formerait pas des vœux pour leur délivrance ? Les malheureux ont des droits à la pitié et à la sollicitude des citoyens ; les opprimés en auraient-ils de moins sacrés ? ne doivent-ils pas compter des défenseurs dans tous les hemisphères ?

La paix du continent fait retentir l'Europe des applaudissemens des peuples. Vous seuls, infortunés Polonais ! n'y joindrez point vos actions de grâces ; vous seuls regretterez la guerre ; vous seuls serez livrés au désespoir, lorsque la joie douce et touchante se manifestera unanimement.... Et ce désespoir sera-t-il blâmable ? L'humanité pourra-elle le criminaliser ?... Non : la continuation de la guerre aurait conduit le fondateur de la République cisalpine jusqu'aux confins de la Lithuanie ; les débris des braves cohortes de Kosciusko se seraient ralliés sous les étendards de Dombrowsky, et une nation deviendrait heureuse et républicaine, tandis qu'elle est et sera long-temps peut-être esclave et souffrante.... Mais ne nous arrêtons pas à ce sentiment philosophique ; l'intérêt d'un état est au-dessous de l'intérêt de plusieurs : il fallait la paix, il fallait que des bienfaits réparassent des malheurs !

Espérons, et que tous les amis de la liberté partagent notre espoir ; espérons, dis-je, que la Pologne sortira de ses ruines, que des beaux jours lui seront réservés. Si ce terme est prochain, il sera l'effet de vives oscillations politiques ; mais s'il est éloigné, cette révolution peut être produite par les seules circonstances. Dès-lors que l'empire russe inclinera vers son démembrement, qu'il aura perdu sa force colossale, que les divisions intérieures préluderont au renversement total de sa domination ; le signal de l'insurrection se donnera dans les contrées les plus éloignées, qui se détacheront les premières et presque d'elles-mêmes. Si la partie de la

Pologne échue à la Moscovie recouvrait son indépendance, les provinces de la Livonie, de Kiow, de Smolensko, &c., finiraient par s'y réunir.

Mais, en admettant que la Russie conserve son existence gigantesque, la Pologne ne sera-t-elle pas la pomme de discorde entre les trois cours qui l'ont envahie ? La possibilité de sa défection n'est-elle pas évidente ? Non-seulement sa soumission n'est qu'apparente, mais je vais plus loin : si l'Autriche s'accommode avec la Porte, elle deviendra la rivale de la Russie ; la Prusse, de son côté, redoutant le voisinage de cette dernière, verrait avec plaisir l'établissement d'un état qui l'en séparerait ; pour sa propre conservation, elle consentirait à l'indépendance de la Lithuanie et de la Courlande. Ceci n'est qu'une simple conjecture ; mais elle est vraisemblable ; un seul événement peut la réaliser ; il suffirait pour cela de l'influence de la France sur la Prusse et l'Autriche.

Quoi qu'il en soit, les Polonais qui voudront fuir l'esclavage auront toujours un asyle chez les Cisalpins et les Français ; ils seront secourus et protégés par toutes les républiques ; si leur énergie se réveille, s'ils veulent tenter le sort des armes ; s'ils préfèrent une mort héroïque à une servitude honteuse, ils annulleront le traité de partage qui les a asservis. Les peuples sont-ils liés par un pacte qu'ils n'ont point contracté ? Ce que fait la tyrannie contre la liberté ; la liberté ne peut-elle le faire contre la tyrannie ?

CHAPITRE XI.

Du Danemarck.

Excité par les conseils, les promesses et les menaces de la coalition, il a su se mettre en garde contre les sollicitations des cabinets ; il a observé ses traités avec toutes les puissances, et leur estime suffira sans doute pour justifier la bonté de son administration, malgré que des diplomates aient voulu le représenter comme un état perdu dans la politique, étranger aux révolutions qui l'avoisinent comme il le serait à celles qui agiteraient son propre sein, insensible à ce qui le touche comme à ce qui ne l'affecte point.

Un gouvernement paisible, une nation contente de ce qu'elle est, un ministère qui fait consister toute sa gloire à doubler les revenus de l'état, l'aisance et la félicité des citoyens : voilà la situation du Danemarck. L'accroissement de son commerce, la tranquillité dont il jouit, sa considération auprès des autres puissances, l'économie de sa population, l'amélioration du sort de ses habitans, des encouragemens salutaires, des établissemens utiles, une longue paix que rien n'a pu troubler : voilà ce qu'il doit à un ministre habile ; voilà ce qui honore la mémoire de Bernstorff. O Bernstorff ! les regrets de tes concitoyens, les éloges de la postérité seront toujours les témoignages du bien que tu as fait. Ton nom ne sera point inscrit à côté de ces ministres malheureusement trop célèbres, que l'humanité condamne lorsqu'une politique inhumaine les préconise, et dont les actions, uniquement avantageuses à leurs maîtres, ont été désastreuses à la nation entière. Tu fus cher au père de famille et au cultivateur laborieux ; tu ne fis point couler les pleurs de la vertu. Tu vivras dans tous les âges, parce que tu emportes, non l'admiration, mais l'amour de tes contemporains, et que tu inspiras à la nation, non les sentimens de la crainte ou de l'enthousiasme, mais ceux, bien plus flatteurs et durables, de la confiance et de la reconnaissance. Ah ! si tous les favoris des rois t'avaient ressemblé, que de victimes auraient été épargnées ! pour les historiens, que de belles époques à décrire ! que d'heureux souvenirs à transmettre ! combien de crimes et de maux ne seraient point nuancés dans le tableau lugubre, mais trop vrai, des calamités humaines ! combien les fastes de tous les peuples offriraient de modèles aux gouvernans !

Bernstorff ne fut pas le plus profond ni le plus adroit des hommes d'état ; mais il a connu le véritable art de gouverner ; il a su soumettre les cœurs, en soulageant les hommes : c'est le Colbert des Danois ; c'est le régénérateur d'un état où le génie avait à combattre la nature, et où la nature est plus ingrate et plus opiniâtre que par-tout ailleurs.

Ne fallait-il pas que quelques gouvernemens missent à profit les erreurs et les fautes des autres ! Dans l'embrasement de l'Europe, il devait nécessairement y avoir des états assez prudens pour se préserver de l'incendie. Le Danemarck s'est prononcé pour la neutralité ; et, dans le fait, qu'est-ce qui pouvait l'engager à la rompre ? quelle conquête pouvait-il faire ? quels avantages pouvait-il espérer ? Ses provinces sont contiguës à la Suède et à l'Allemagne. Du côté du Holstein, les cours de Berlin et de Vienne ne souffriraient pas qu'il s'agrandît, et dans les deux Indes, l'Angleterre s'y opposerait également.

Le Danemarck est un des états du globe, le plus pauvre, le plus froid et le plus singulièrement situé. La Norwège, région la plus septentrionale de l'Europe ; le Jutland, presqu'île au nord de l'Allemagne ; le Groënland, pays inculte, couvert de mousses et bordé de glaces éternelles ; les îles de Sélande, de Fionie, d'Islande et de Féro ; Fréderic-Nagor, Trinquebor dans l'Inde, Christiansbourg en Guinée, quelques comptoirs en Asie et en Afrique; quelques petites îles dans la mer atlantique, composent l'ensemble bizarre de la domination danoise : il est aisé de juger de sa puissance par sa position.

On s'étonnera surement, comment un tout aussi étrange a pu subsister, comment même il a pu se former. Cette surprise est sans doute fondée ; mais la cause n'est pas extraordinaire. Après des bouleversemens successifs, tout change de face ; les parties qui étaient unies auparavant se détachent, et les parties détachées s'unissent ; le despotisme isolant la force des peuples en les divisant, les soumet dès qu'ils sont trop faibles pour lui résister. De là les luttes de peuple à peuple, les guerres de tyran à tyran ; de là les concessions entre les rois ; de là l'élévation, les vicissitudes et la décadence des empires ; et les souverains, qui ont toujours de prétendus droits à faire valoir et une ambition avide à satisfaire, prennent part à tous les démêlés, les fomentent pour les terminer à leur gré, et s'emparent de tout ce qu'on veut leur donner et de tout ce qu'on leur laisse prendre.

Le Danois, mélancolique par caractère, devient insensible par nécesssité ; il faut l'émouvoir par l'activité de l'industrie et l'inquiète espérance que font naître les spéculations commerciales.

merciales. La cour de Copenhague ne saurait donc trop favoriser le commerce ; c'est en l'encourageant, qu'elle suppléera à la stérilité de la plupart de ses provinces et qu'elle y allègera le fardeau des impôts.

La puissance du Danemarck est plus maritime que territoriale. La principale branche de ses revenus est le droit de péage sur la navigation du Sund. Le passage de ce détroit rapporte annuellement deux à trois millions au trésor, et en vain les Suédois iront s'embarquer à Gothembourg pour éluder le traité de 1721 ; on passe et on passera toujours à Elseneur, et tant que les bâtimens marchands seront assujettis au tribut, la Sélande sera un entrepôt pour les peuples commerçans.

Quel que soit le successeur de Bernstorff, Christian VII, inhabile au maniement des affaires, terminera vraisemblablement sa carrière sans que la paix de ses états soit altérée. La guerre est l'écueil que le Danemarck doit éviter. Sa politique doit tendre à entretenir l'union avec toutes les puissances, à attirer leurs vaisseaux dans ses ports, à se prémunir contre les illusions de l'ambition, et à se bien pénétrer qu'il arrive souvent que lorsqu'une nation s'enrichit au loin, elle s'appauvrit au près.

CHAPITRE XII.

De la Suède.

LA Suède goûte ce repos profond qui est la suite d'une agitation violente ; mais ce repos n'est pas celui du bonheur : c'est l'engourdissement de l'esclavage, c'est l'apathie où la servitude plonge les hommes après avoir éteint en eux le sentiment de leur souveraineté et triomphé de leurs derniers efforts. Chez les individus, le calme des sens succède à l'effervescence des passions ; chez les nations, l'indifférence succède souvent à l'intérêt, l'abattement au désespoir. Quand la lutte de la liberté contre la tyrannie est terminée à l'avantage de celle-ci, les peuples sommeillent et se corrompent : il faut des siècles pour les réveiller, il faut encore plus pour les rendre à leur dignité première.

Il y a loin de la Suède d'aujourd'hui à celle de Gustave-Adolphe, à la Suède dictant les traités de Travendal et d'Astranstad. Il y a une grande différence entre son état passé et son état présent ; peut-être y en aura-t-il une plus grande encore entre son état présent et son état futur : mais, sans me livrer à des conjectures dont l'éloignement atténue la probabilité, avant que l'expérience les justifie ou les détruise, je crois pouvoir avancer, sans courir les risques de l'imprudence ou de l'inconséquence, qu'il faudrait bien des événemens, bien des révolutions, pour que l'éclat d'une partie de la Scandinavie pût éclipser celui des autres puissances, ou que dans la balance de l'Europe le nord l'emportât sur le midi.

Si le dernier roi de Suède vivait, il aurait augmenté le nombre des princes coalisés contre la France; mais son successeur, plus éclairé ou plus sage, a cédé à des considérations mieux entendues : en consultant le dénuement de ses finances, les besoins des Suédois, il a renouvelé à la République française les sentimens d'amitié qui l'unissaient aux Bourbons. Les deux gouvernemens, mus par des principes opposés, resserrent les liens d'une heureuse harmonie. Il est vrai que la Suède eût été un faible ennemi pour la France; et dans ce cas elle se serait peut-être vue dépouillée de la Poméranie, qui aurait été un objet de compensation que la Prusse accepterait d'autant plus, que l'important port de Stratsund augmenterait sa puissance maritime.

La Suède est l'ennemie née de la Russie. Celle-là s'affaiblit quand l'autre s'accroît, celle-ci entreprend dès que l'autre agit; et de là une rivalité de puissance et de commerce, qui ne peut cesser que par la supériorité constante de l'une et l'asservissement de l'autre. Jusque-là les Suédois et les Russes se traverseront mutuellement dans leurs plans, ils seront toujours divisés d'intérêts ; ils le seraient lors même qu'ils feraient cause commune contre une troisième nation.

Par la même raison, la Suède s'éloigne de l'Angleterre qui est l'alliée de la Russie ; par la même raison encore, elle recherche l'amitié de la France et l'alliance des Turcs. Cette raison devrait influer aussi dans ses relations diplomatiques avec l'Autriche et la Prusse.

La Suède a tenu dans la guerre présente une conduite qui lui a été très-avantageuse : elle s'indemnise du côté du négoce des pertes qu'elle a faites sous Gustave III ; ses liaisons commerciales avec les Américains se sont affermies ; elle se menage une union durable avec les Espagnols et les Hollandais. A la paix, ses rapports avec la France seront plus multipliés : voilà ce que lui vaut sa neutralité. La guerre au contraire l'eût ruinée ; vaincue, elle aurait beaucoup perdu ; victorieuse, elle n'aurait rien gagné, car la Russie aurait tout exigé pour elle.

Du côté du Danemark, la Suède n'a rien à craindre, parce que l'un ne peut guères imposer le joug à l'autre, et les efforts de la puissance ambitieuse ne manqueraient pas de se perdre dans les glaces de la Norwège et de la Laponie. D'ailleurs la Russie sera toujours l'ennemi contre lequel il faudra se réunir, et l'agresseur qu'il faudra repousser. Selon toutes les apparences, les Suédois ne reverront plus de Marguerite de Valdemar, ni de Christiernn II, ni des archevêques d'Upsal du seizième siècle

Quoique les Suédois soient délivrés du despotisme étranger et de la tyrannie sacerdotale, ils forment cependant une des nations les plus malheureuses du globe. Les rois, qui ne sont jamais reconnaissans, oublient bien vîte leurs engagemens envers les peuples, et paient par des fers les services qu'ils en ont reçus. Vasa, qui devait sa couronne aux paysans de la Dalécarlie, n'en donna pas moins des chaînes aux Suédois, et chacun de ses successeurs a travaillé à les appesantir. Peut-être est-il réservé au roi régnant de les alléger! peut-être sera-t-il plus humain, plus philosophe que son père! peut-être les conseils du duc de Sudermanie lui feront-ils soulager la misère de ceux qu'il gouverne! La fin de son prédécesseur doit assez l'instruire qu'on n'étend pas toujours inpunément une verge de fer sur ses semblables. Il est loin de moi de vouloir autoriser l'assassinat, même contre les méchans; mais je partirai de là pour avertir les rois, qu'ils doivent être les premières victimes des forfaits dont ils donnent l'exemple; que le crime excite le crime, ou révolte la vertu; que par-tout l'humanité peut avoir des vengeurs ; la liberté, des amis, des héros, des martyrs, des Amkastrom !

CHAPITRE XIII.

De la Russie.

Un tout aussi immense que la Russie, est nécessairement composé de parties hétérogènes. Le climat y a des influences variées ; les peuples, des mœurs opposées ; le gouvernement, des bases et des formes incohérentes. Le sol n'est pas le même dans les régions glacées de la Sibérie et du Kamtschatka et dans les riches campagnes de la Livonie et de Moscow. La législation n'est pas la même en Bulgarie et en Ukraine. L'habitant des marais de la Laponie diffère de celui des provinces méridionales de la Moscovie.

Un état qui comprend des pays fertiles et incultes, des déserts et de riantes plaines, qui présente le contraste d'hommes plus ou moins barbares et plus ou moins policés, ne peut offrir un ensemble parfait ; et dès qu'on en considère le tableau, l'observateur, eût-il les préventions de la partialité, fût-il passionné ou trompeur, ne peut s'empêcher d'apercevoir des nuances différentes.

La Russie a surpris, étonné, effrayé le monde entier ; mais si elle est parvenue à ce haut rang, est-ce l'effet de sa civilisation plutôt que celui des circonstances ? est-ce moins par la faiblesse des autres couronnes, que par l'ascendant de sa force ? est-ce le résultat de ses combinaisons, ou celui des fautes de ses voisins ? Qu'on parcoure ces lieux où règne presqu'un continuel hiver, où les chétives productions d'un terroir ingrat y arrivent rarement à leur maturité ; et on y trouvera les hommes, peut-être pas tout-à-fait aussi stupides qu'au quinzième siècle, mais non moins esclaves, non moins malheureux. Y a-t-il un esprit national, là où la presque universalité des citoyens n'est pas susceptible de s'en former une idée ? Y a-t-il un véritable corps de nation, là où les liens de la société n'unissent pas tous les êtres entr'eux et à l'état, où la force commande, où la nécessité obéit, où l'oppression est l'unique ressort du gouvernement ? Des Tartares sans domicile, sans intérêts, sans affections, sont-ils des citoyens ? peuvent-ils avoir une patrie ? l'état doit-il compter sur leurs secours ? ne sont-ils pas au parti qui leur plaît le mieux, comme au pays qui leur convient davantage ? Des Cosaques, à qui toute dépendance est insupportable, respectent-ils les lois de la subordination, et sont-ils soumis parce qu'ils semblent ne pas remuer ?

Si Pierre I.er eût eu pour ennemi un guerrier plus prudent que Charles XII, si les Turcs d'alors eussent été les braves que commandait Scanderberg, si les Polonais n'eussent point été partagés entre Auguste et Stanislas, l'empire russe ne serait pas ce qu'il est ; les belles provinces qui l'agrandissent en Europe ne lui appartiendraient point ; ses troupes, loin d'être aguerries, ressembleraient aux anciens strélitz et aux combattans de Narva ; son pavillon serait encore inconnu aux nations commerçantes ; sa prépondérance ne peserait que sur les tribus asiatiques du Thibet. Je ne crains point d'avancer que les époques mémorables de l'acroissement de la Russie datent de la bataille de Pultawa et de la paix du Pruth.

Je sai que les prodiges du génie sont au-dessus des calculs de la diplomatie et vont quelquefois au-delà des chances de la probabilité : un homme extraordinaire, revêtu d'un pouvoir sans bornes, peut beaucoup entreprendre et souvent réussir ; mais l'histoire n'en devra pas moins classer les rapides progrès de la puissance moscovite parmi ces grands événemens dont les annales du monde offrent peu d'exemples, et qu'en politique on doit appeler des phénomènes.

La cour de Russie a pris une part très-active dans les affaires politiques : ambitieuse, elle a dû chercher à acquérir à la faveur des dissentions ; despote, elle a dû s'unir aux autres despotes ;

despotes; jalouse, elle a dû désirer l'affaiblissement de la France; vindicative, elle a dû préparer ses moyens de vengeance contre les Musulmans, et d'asservissement contre les Polonais. Voilà sa conduite, voilà l'ébauché du machiavélisme qui la dirige; mais, plus adroite ou plus perfide, elle a fait mouvoir à son gré la plupart des cabinets de l'Europe; elle a su les épuiser en hommes et en ressources, et ne les a que faiblement secondés; elle a beaucoup promis, mais elle a peu tenu. Examinons si en effet elle pouvait tenir beaucoup.

La Russie, entourée de voisins puissans, est exposée à des guerres fréquentes; elle en a soutenu de coûteuses contre les Chinois, les Persans, les Turcs, les Polonais et les Suédois. La victoire, il est vrai, s'est rangée sous ses drapeaux; mais le bonheur de ses armes n'a point empêché l'épuisement de ses finances; ses conquêtes ne l'ont point dédommagée de ses sacrifices; les peuples qu'elle a combattus ne l'ont pas indemnisée de ses frais, et ses triomphes même ont augmenté ses dépenses.

Tout le monde connaît l'état de pauvreté où elle était réduite il y a cent ans. Lorsque le czar Pierre arriva au trône, le revenu n'était presque rien; il monta, sous son règne, à trente-cinq millions; sous celui d'Anne, à soixante; d'Élisabeth, à cent vingt: il s'est accru sous

Catherine ; mais les dépenses ont considérablement haussé, et peut-être dans une proportion plus forte. Le premier n'a pas toujours suffi aux dernières ; il a fallu contracter des dettes avec la nation et les comptoirs étrangers ; il a fallu créer des billets de banque, et les énormes droits sur les exportations et les importations (1) n'étaient encore qu'une faible recette aux yeux d'une cour dissipatrice. Car, tel est le sort des peuples, leurs sueurs et leur sang ne sont presque comptés pour rien, et ne satisfont jamais les plaisirs honteux et les désirs effrénés des souverains et de leurs courtisans.

En Russie, les impôts auront beau être multipliés, ils ne seront jamais au niveau des besoins présumés de la couronne, dès-qu'il y aura un surcroît de consommation. En général, le Russe est pauvre, peu industrieux ; à peine peut-il se suffire à lui-même ; et comment pourra-t-il concourir au soutien de l'état ! La nation est divisée en plusieurs classes ; en riches et en pauvres, en nobles et en esclaves, en maîtres et en serfs, en puissans et en faibles, en fainéans honorés et en malheureux avilis. Le souverain dispose des personnes et des propriétés ; les trois quarts de la population sont sous

(1) Ces droits sont exhorbitans, « car, outre les frais » de transport, dit Mentelle, ils sont à-peu-près de vingt- » cinq pour cent. » *Seances des écoles normales*, 52.e *S*.

la dépendance du quatrième. . . . Sont-ce là les élémens d'une bonne législation ? Avec eux, parviendra-t-on à former un peuple éclairé et florissant ?... Égalité sainte ! fille de la nature, premier don du ciel, droit sacré des hommes, quand tes lois bienfaisantes rendront-elles au bonheur tant d'infortunés ?... Jusques à quand l'espèce humaine sera-t-elle accablée et dégradée par l'espèce humaine ? . . .

La cour de Pétersbourg fait annuellement des dépenses nombreuses, soit par le luxe qu'elle étale au dehors, soit par l'éclat dont elle brille au dedans, les intrigues dont elle est le foyer, les dilapidations de son ministère, les récompenses qu'elle accorde à ses protégés, l'entretien de ses forces navales, et sur-tout celui de ses armées de terre qui sont toujours sur un pied formidable, moins pour des hostilités extérieures que pour appaiser les mouvemens intérieurs et retenir sous le joug des peuples mécontens et disséminés de toutes parts.

Comme l'Angleterre, la Russie aspire à une prépondérance suprême ; elle veut dominer le nord et influencer l'Europe, tyranniser ses voisins et commander aux autres puissances ; son ambition s'étend sur toutes les mers, sur tout le globe, aux arts étrangers et aux avantages d'autrui : elle veut une suprématie générale dans l'équilibre politique, un commerce exclusif dans la mer Noire et la Baltique; l'empire des mers d'Azoph et de la Méditerranée : elle veut régner aux palus Méotides, sur le lac Baycal, le fleuve Amur, le golfe de Finlande et la Vistule. Oui, maîtresse à Nankin, à Ispahan, à Stamboul, à Stokholm, elle voudrait s'agrandir encore.

Quelle ambition démesurée ! Que produira-t-elle ? Ce qu'elle produit par-tout où elle n'a pas de frein. . . La dissolution de l'empire, les divisions domestiques et les guerres.

Quoi ! la Russie, qui, avant le czar Pierre, n'avait pas un seul vaisseau, ne cultivait ni les sciences les plus simples ni les arts les plus nécessaires, et connaissait à peine les instrumens aratoires les plus grossiers, voudrait donner des lois aux nations esclaves et aux peuples libres, et s'établir le centre du négoce de l'Asie et de l'Europe ! . . . Ah ! qu'elle renonce à cet extravagant délire; la manie des conquêtes est la plus funeste maladie du corps social. Si la Russie veut former un état populeux, qu'elle resserre ses limites, qu'elle opte entre les environs du mont Taurus et ceux du Ladoga ! Tant de contrées ne peuvent faire un tout redoutable, parce que, les obstacles se renouvelant sans cesse, les mesures se contrarient, les mêmes causes n'ont pas les mêmes développemens, et l'arbitraire ne triomphe pas toujours de l'impossibilité.

Le czar Pierre, à qui l'adulation a prodigué les titres si flatteurs de héros, de philosophe et de législateur, a été un grand homme, mais un réformateur brutal et barbare. Il avait du génie, mais il n'avait pas moins de férocité. L'encens a fumé pour lui sur l'autel de la renommée, et l'humanité le dénonce au tribunal de la postérité. Des écrivains lui ont vendu leur plume ; mais leurs éloges seront-ils avoués par la justice impartiale ? Certes il a exécuté de grandes choses ; mais a-t-il fait ce qu'il aurait dû faire ? a-t-il mis en usage les moyens qu'il devait employer ? le bien qui lui survit, compense-t-il le mal qu'il a ordonné ou occasionné ? Son caractère fut un mélange de qualités et de défauts, de vertus et de vices. (1) Ses établissemens furent souillés par des horreurs ; sa vie est écrite avec des larmes et du sang... Respectait-il la nature ?... Ménageait-il l'existence des hommes qu'il immolait en voulant éclairer ?... Plus de cent mille hommes ont péri pour bâtir Pétersbourg ; la population d'Astracan a été engloutie dans les marais où les fondemens de la capitale de l'empire ont été jetés. (2)... Eh ! ce sont là des bienfaits !

---

(1) « Aussi convenait-il qu'il avait réformé sa nation « et n'avait jamais pu se réformer lui-même. » *Anecdotes sur le czar Pierre.*

(2) « Si la Moscovie a été civilisée, il faut avouer,

ce sont là des efforts opiniâtres auxquels il faut applaudir ! Une ville et un port l'emportent-ils sur des générations ? les états prospèrent-ils par les supplices ? la moitié du genre humain doit-elle être sacrifiée pour la gloire ou le malheur de l'autre ? ... Politique impitoyable !... si ce sont là tes prétextes, si tes affreux secrets n'enseignent que des maximes de désolation, de destruction et de carnage ; si les hommes, au lieu de te regarder comme la source unique de leurs maux, bénissent ton sanglant ouvrage, écrions-nous, avec le dernier des Romains : « O vertu ! tu n'es » donc qu'un fantôme ! »

Tout concourt à prédire un terme à la puissance moscovite, si elle ne travaille à s'en garantir ; son affaiblissement peut être aussi prompt que l'a été son accroissement : lorsqu'un colosse s'écroule, son propre poids entraîne et précipite sa chute.

En Russie, le commerce ne sera jamais actif, par le défaut de grands chemins. Ce ne serait qu'après des travaux immenses, qu'on entretiendrait des communications directes entre les habitans des rives des mers Blanche et Orientale, et ceux de la Circassie et de Novogorod ; on aurait pour cela à percer et abattre des fo-

---

» dit Voltaire, que cette politesse lui a coûté cher. »

rêts, à dessécher et combler des marais et des lacs, à lutter contre le climat et l'intempérie des saisons. Il existe, il est vrai, une route de Pétersbourg à Moscow ; mais qu'il en coûterait pour en créer de semblables! et dans ces vastes provinces, dans un état qui a plus de deux mille lieues d'orient en occident, et huit cents du sud au nord, il faudrait plus d'une voie appia. Le grand projet de réunir la mer Caspienne au Pont-Euxin, en creusant un canal du Tanaïs au Volga, a-t il réussi ? Le plan en est tracé ; mais quand atteindra-t-il sa perfection ? Il ne faudrait qu'un second Thamas Koulikan, pour reconquérir l'empire de la mer Caspienne, en éloigner les Russes et leur ôter tout moyen de commerce avec les Perses. D'un autre côté, la petite rivière de Kerbechi et la place de Nipchou ne sont pas des obstacles capables d'arrêter les Chinois dans leurs irruptions sur le territoire des Russes, si ceux-ci dérogeaient au traité de 1689 ; et que serait alors le commerce avec la Chine ? que deviendrait la douane de Kiatcha ?

2.° La fréquence des insurrections, le danger de les dédaigner, fixeront toujours l'attention du gouvernement russe, et l'organisation de l'empire est telle, qu'une partie de la force armée doit être spécialement destinée à contenir les peuples, qui pourraient être protégés dans leur rebellion par les puissances limitrophes? De là ces guerres acharnées, ces exécutions sanguinaires, ces proscriptions en masse, qui poussent les hommes au désespoir et hâtent le moment de leur vengeance.

Les progrès de la population en Russie seront toujours lents, et cette lenteur contribuera particulièrement à la pauvreté, à la faiblesse, aux revers et au démembrement de l'état. Les épidémies, les insurrections, les transmigrations, consument les habitans, et font un vide qui peut difficilement se remplir, d'autant plus que la petite vérole, si dangereuse dans ces pays, emporte la majeure partie, pour ne pas dire les trois quarts des enfans.

Il y a dans l'action du gouvernement deux vices essentiels, le manque d'unité et le défaut d'intensité; l'autorité n'a pas de point central, elle siège à une des extrémités de l'empire.

Par penchant, par orgueil, les Russes négligent de s'instruire; le préjugé national les éblouit, ils se croient plus qu'ils ne sont : aussi un observateur qui avait vécu long-temps en Moscovie, a-t-il porté cette sentence sévère : « *Le Russe est pourri avant d'avoir été mûr.* »

Il est de certaines époques auxquelles les états éprouvent des disettes de grands hommes : pourquoi la Russie en serait-elle exempte ? Elle

a

a déjà perdu ses meilleurs généraux ; elle n'a plus le fameux maréchal Potemkin. Romanzof, Repnin, Suvarow, D'Igelstrom, &c., vieillissent.

Mais ce qui doit davantage bouleverser la Moscovie, c'est la successibilité des femmes à l'empire. Le parti de l'impératrice triomphera presque toujours de celui de l'empereur ; parce que le gouvernement des femmes ouvre plus de voies à l'intrigue, à la séduction, et favorise mieux leurs vues : il n'en faut pas d'autre preuve que l'histoire de ce siècle. Le prince Alexis est-il parvenu au trône ? Pierre II n'y a resté que quelques années ; Pierre III n'a fait qu'y monter, tandis qu'Anne, Élisabeth et Catherine ont eu de longs règnes. . . . Souverains de Russie ! ne vous croyez pas en sureté, redoutez le séjour de Pétershof. Vous avez à craindre les courtisans, les Orloff et les Sémiramis !

CHAPITRE XIV.

De la Porte Ottomane.

L'EMPIRE ottoman, autrefois le plus puissant du globe, est peut-être aujourd'hui celui qui a le moins d'influence dans les affaires politiques de l'Europe.

De tout temps le Turc a été peu versé dans la diplomatie. Lorsqu'il se répandait comme un torrent dans les provinces chrétiennes, il n'était pas besoin de traités ; la force les eût dictés ou rompus, et cette force suivait les phalanges turques. D'ailleurs, la superstition intolérante, le fanatisme barbare, égaraient l'univers ; leurs voix sacriléges étouffaient celles de l'humanité et de la raison. Les hommes étaient ennemis, ils se massacraient, parce qu'ils ne suivaient pas les mêmes dogmes, parce que Mahomet et Jésus avaient pensé différemment, et que le pape et le mufti voulaient régner sur l'universalité des consciences. Dans ces temps de délire, de croisades et d'effroi, toute convention entre les Chrétiens et les Musulmans était impossible ; une trève était un crime ; capituler en était un plus grand. Il fallait triompher ou mourir ; il le fallait au nom d'un dieu de paix, au nom d'une religion douce et bienfaisante... O philosophie ! apprends-moi ce que c'est que la douceur et la bienfaisance !

Toujours les préjugés religieux ont été invétérés chez les peuples et les ont fait agir dans le sens inverse de leurs intérêts. Les Turcs, abusant de leur supériorité, méprisant les autres nations ! parce qu'elles n'observaient pas la loi du prophète de la Mecque, ont négligé de s'assurer des alliés et de s'éviter des ennemis. Formalistes à l'excès, bizarres comme le sont les despotes, ils ont été la dupe de toutes les puissances, dès qu'ils ont cessé d'en être la terreur ; ils repoussaient les agressions par des injustices, ou se contentaient de vains honneurs pour des pertes réelles. Les secrets du divan étaient divulgués aux autres cours sans qu'il connût les leurs. Que d'ambassadeurs emprisonnés au château des sept tours ! que d'hostilités commencées sans utilité ! que d'actes de vengeance et de faiblesse ! que d'irrésolutions et de variations présentent les annales turques ! Telle doit être l'instabilité d'un empire où la violence est tout, où la volonté d'un seul est la loi suprême, où le souverain est maître absolu et sans réserve, de la vie, de l'honneur et des biens des hommes. Le Turc, après avoir humilié les nations, devait l'être à son tour. Les barbares soldats d'Ottoman, amollis par le luxe, énervés par la volupté, corrompus par l'esclavage et la débauche, devaient éprouver le sort des peuples efféminés qu'ils vainquirent ; ils devaient subir le joug de l'avilissement.

En parlant des Turcs, je m'arrêterai un instant sur les Grecs. Qu'est devenu le berceau des sciences, des arts, des vertus et des grands hommes ? Qu'offre la Morée aux regards du voyageur curieux ? Le Péloponèse n'a plus que des ruines à montrer aux lieux où étaient Sparte et Corinthe ! En parcourant l'Attique, à peine retrouve-t-on les vestiges de son ancienne splendeur !... On est tenté de regarder comme les mensonges flatteurs d'un beau rêve, le témoignage de l'histoire et les chef-d'œuvres de l'antiquité ! ... La gloire d'Épaminondas est-elle présente aux habitans de la Béotie ? En passant aux Thermopyles, le Grec rend-t-il hommage à Léonide ? Les souvenirs de Platée enflamment-ils encore les cœurs ? Lacédémone est-elle toujours l'école des guerriers et des mœurs ? Non, et on l'a dit avant moi.... Tout s'engloutit dans l'abyme des siècles ; tout s'évanouit dans la nuit des temps ! O triste résultat des révolutions passées ! La barbarie a succédé à la civilisation, la servitude à la liberté ; Setines , Stives et Misitra ont remplacé Athènes, Thèbes et Sparte !

L'Empire turc, qui s'étend en Europe, en Asie et en Afrique , est composé des plus beaux pays de l'antiquité : l'Asie mineure , la Grèce, la Chersonnèse taurique , l'Égypte et la Mauritanie. Ses armées sont innombrables; mais la multitude d'Asiatiques qui se rassemble dans les plaines d'Andrinople , est sans courage , sans discipline et mal commandée. Les insurrections occupent continuellement le gouvernement ; il faut sans cesse réprimer , soumettre et punir les deys, les hospodars, les beys et les bachas. Le despotisme des visirs , l'insubordination des janissaires , les intrigues du sérail , les soulèvemens des bachas , sont autant d'écueils pour la prospérité de la puissance ottomane et la sureté du grand-seigneur.

La Russie et l'Autriche sont les ennemis naturels de la Porte ; la France, au contraire, est son ancienne amie. Tant que le Musulman possédera les Dardanelles, tant que Byzance sera le centre de sa domination, tant qu'il sera voisin de la Hongrie, il excitera l'ambition des deux empereurs, et sa position le rapprochera de la France pour en faire une médiatrice ou une alliée. (1)

La cour de Constantinople, qui pouvait se relever et abattre ses rivaux, a laissé échapper les circonstances favorables. L'occupation de l'Istrie et de la Dalmatie vénitienne par l'Autriche, lui porte ombrage ; et que n'a-t-elle cherché à l'empêcher ? que n'a-t-elle secondé les Français ? que n'a-t-elle soutenu les Polonais ? Il fallait faire une diversion, lorsque l'Allemagne entamait la France en 1792 ; il fallait déclarer à la Russie une guerre qu'elle provoquait audacieusement. Que ne faisait-elle valoir ses motifs et ses plaintes ? N'avait-elle pas à venger les revers de la dernière guerre, les violations du traité de Kainardgi, la protection accordée

---

(1) Un journaliste a dit en 1784, que Constantinople ne pouvant appartenir à la Russie et à l'Autriche, devait nécessairement rester au Turc. Cette conséquence est-elle juste ? Beaucoup de personnes ne se rangeront pas à cet avis.

au kan de la Crimée ? Pouvait-elle se dissimuler que le cabinet de Pétersbourg ne voulût la chasser de la Thrace ? Plus elle différera de se mettre en mesure, plus elle affichera son impuissance, plus elle enhardira ses ennemis, et plus sa conservation sera pénible.

On m'objectera qu'on ne saurait disconvenir que la Turquie ne soit une grande masse. Certes les grandes masses sont difficiles à ébranler ; mais elles peuvent l'être tôt ou tard, et leur écroulement est d'autant plus rapide, qu'il aura été plus reculé et plus préparé. N'a-t-on pas vu des poignees d'hommes conquérir de grands états ? De simples événemens n'ont-ils pas produit de grandes révolutions ? Dans l'enchaînement des destinées politiques, y a-t-il quelque stabilité pour les gouvernemens oppresseurs ?

Cette révolution serait-elle un bien ? Oui, si les lumières et l'humanité y gagnent. Mais si l'issue en tournait encore au profit du despotisme, que nos vœux en éloignent l'époque ! Si la liberté ne reparaît sur l'Hellespont que pour y briller un moment, attendons qu'elle puisse s'y fixer pour toujours.

CHAPITRE XV.

De l'Asie.

Depuis long-temps, les lumières ne font plus leur séjour dans cette partie du monde. Quand oseront-elles y retourner ? Quand leur vol timide se dirigera-t-il vers les riantes contrées que bordent l'Euphrate, le Gange et le Kiang ? Quand la législation des peuples qui côtoient l'Oby, ne sera-t-elle plus le recueil des préjugés les plus absurdes et des coutumes les plus cruelles ?

Le politique s'arrête peu sur l'Asie ; mais le philosophe ne l'a quitte pas sans regrets : c'est là où les beautés de la nature sont profanées par l'esclavage, où l'ambition se joue de l'existence et du bonheur des humains qu'avilissent et le mahométisme et l'idolâtrie ; mais c'est là où ont fleuri les Mèdes, les Assyriens, les Parthes et les Phéniciens ; où toutes les productions de la terre étalent généreusement leur magnificence ; c'est la patrie des sages révérés de l'Inde et des législateurs éclairés de la Chine.

Indiens ! vous gémissez, vous êtes malheureux ; eh ! que ne sortez-vous de votre léthargie ? Les nations européennes ont renouvelé, chez vous, les horreurs qu'elles avaient commises dans le nouveau monde ; que ne les en avez-vous punies ? que ne profitiez vous de leurs connaissances pour vous régénérer ? O peuples ! vous ne m'entendez pas ; mes réflexions ne seront jamais lues dans vos habitations : mais si l'indignation dont je suis pénétré pouvait embraser vos ames, si je pouvais faire passer dans vos cœurs le feu sacré qui m'inspire, vous feriez renaître les beaux jours ; les jours de simplicité que nous rappelent vos annales ; vous imiteriez les Américains, et vous rendriez au commerce sa liberté, ses avantages et sa sureté.

Les Anglais sont puissans dans l'Inde ; mais Hyder-Aly a accoutumé les peuples du Carnate à les vaincre. Les légions britanniques, si exercées, si aguerries, ont fui devant les noirs du Malabar. O nations commerçantes ! que n'unissiez-vous vos efforts à ceux des Indiens irrités, et c'en serait fait de la puissance anglaise ; le fruit de tant de rapines n'aurait rapporté, aux tyrans des mers, que la honte et l'infamie !

C'est une faute que la monarchie française a faite ; mais la République ne la partagera surement pas. Naguères Typpoo-Saïb envoya une ambassade à Louis XVI ; serait-il indigne du Directoire exécutif d'entretenir des relations avec les nations du Décan, des côtes de Coromandel et d'Orixa, avec les Seicks et les Marattes, pour soulever le Bengale, recouvrer Pondichéri et enlever Madrass ?

Malgré cela, un aveu douloureux m'échappe. Qu'il sera difficile de dissiper en Asie les ténèbres de l'ignorance ! Il faudrait lutter contre les lamas, les bonzes et les bramines. Cang-hi ne règne plus sur le trône de Pekin ; Schah-abbas, sur celui d'Ispahan ; Aureng-zeb, sur l'Indostan ; le sophi de la Perse et le souverain de de Delhy ne nous sont plus connus que par leur despotisme et leur nullité.

CHAPITRE XVI.

De l'Afrique.

Je n'énumérerai point la multitude de royaumes qui composent l'Afrique. Cette tâche serait aussi pénible qu'inutile. Qu'importe à la plupart des hommes qui s'occupent des affaires de leur pays, qu'importe aux diplomates européens de connaître la division territoire de l'Éthiopie, de l'Abyssinie, de la Nubie, du Zanguebar et de la Cafrerie ? A peine tous ces états sont-ils connus des géographes. Les assertions des voyageurs sont si contradictoires, que l'historien ne peut débrouiller un chaos impénétrable. Nous devons nous contenter de savoir que les mines d'or de Bambouck, du Monomotapa et du Mozambique, ont souvent excité l'avidité des nations commerçantes ; que la piraterie des Barbaresques a été funeste à tous les pavillons ; que la traite des esclaves a rendu l'espèce humaine malheureuse sur les bords du Niger, de Gambie, de Volte, de Benin, du Gabon et du Zaire ; que le roi des Dahomets n'épargna, il y a environ soixante ans, ni les peuples de la Guinée méridionale, ni les comptoirs européens établis sur les côtes de Juida et d'Ardre.

L'Amérique, l'Asie et l'Afrique offrent le même problème politique à résoudre : Seront-elles régénérées par la suite des temps ? L'exemple de nos révolutions influera-t-il sur leurs destinées ? Nos lumières y pénétreront-elles ? Doit-on espérer que la liberté y féconde le génie et civilise la société ? Verra-t-on sortir de leurs cendres la Thèbes aux cent portes et la fameuse Memphis ? Reverra-t-on briller la magnifique Alexandrie ?... Ah ! surement notre génération s'éteindra sans que l'expérience nous l'apprenne !...

L'Égypte et la Barbarie sont les pays les mieux cultivés de l'Afrique. La population y a cependant considérablement diminué et dégénéré. (1) Dans les Maures et les Arabes, on ne retrouve plus les Carthaginois et les Numides ; les Égyptiens d'aujourd'hui ne sont pas les Égyptiens d'autrefois.

Depuis que les flottes françaises et espagnoles ont bombardé Tunis, Alger et Tripoli, les corsaires barbaresques ne sont plus aussi nombreux et aussi audacieux qu'ils l'étaient. Il n'y a plus de Barberousse, et les forbans de la Méditerranée ont cessé d'être redoutables.

---

(1) Dans l'antiquité on comptait en Égypte 18,000 villes et sept millions d'habitans. *Histoire ancienne de Rollin*.

La souveraineté du grand Turc sur ces républiques est presque illusoire. Il n'en est pas de même des rapports qui subsistent entre ces états et la France, l'Espagne, &c.; ils sont inspirés par la crainte, et fondés sur l'impuissance.

Je ne parlerai point des îles de l'Afrique. Celles qui n'ont pas été la proie des nations ambitieuses, ressemblent au continent; elles sont plongées dans le même état de barbarie. Peut-être Madagascar devrait-il occuper les spéculateurs et les gouvernemens libres; sa civilisation serait plus importante qu'on ne pense, au commerce et aux peuples.

CHAPITRE XVII.

Des États-unis d'Amérique.

Les États-unis d'Amérique ont marché constamment à un grand but d'accroissement, mais est-ce de félicité ou de puissance? Pour y parvenir, n'ont-ils employé que des moyens dignes d'eux? Leur conduite est-elle franche ou déloyale? Se sont-ils montrés pirates ou amis sincères? Ont-ils agi avec ingratitude ou reconnaissance? Je le demande aux nations neutres, au gouvernement et aux armateurs français!

En désirant trop, les États-unis s'exposent à des ressentimens et des représailles; et ne doivent-ils pas craindre les malheurs qui les précèdent et les déchiremens qui les suivent?... Les avantages même des Américains tourneront-ils à leur profit?... « L'opulence, dit Montes-» quieu, est dans les mœurs, et non pas dans » les richesses. » (1)

CONCLUSION.

En commençant l'histoire politique et philosophique des deux Indes, Raynal s'est écrié :

« Tout est changé et doit changer encore. » Mais les révolutions passées et celles qui doi-» vent suivre, ont-elles été, seront-elles utiles » à la nature humaine? L'homme leur devra-t-il » un jour plus de tranquillité, de bonheur et » de plaisir? Son état sera-t-il meilleur, ou ne » fera-t-il que changer? »

Je ne reposerai pas ces questions; elles sont décidées par la révolution française; l'affirmative est prononcée. Oh! liberté, humanité, philosophie!... délices des belles ames, guides des héros, vertus des sages!... achevez d'un pôle à l'autre votre ouvrage, et d'un pôle à l'autre les hommes seront heureux.

(1) Comme il y a une infinité de choses à dire sur les États-unis et leurs rapports politiques et commerciaux avec les diverses puissances, j'en parlerai dans un travail particulier.

FIN.

www.ingramcontent.com/pod-product-compliance
Ingram Content Group UK Ltd.
Pitfield, Milton Keynes, MK11 3LW, UK
UKHW031943260826
14628UKWH00004B/1825

9 782013 446839